Weine
degustieren

Kurt Gibel

Weine degustieren

leicht & spielend

Hallwag

Liebe Leserin, lieber Leser,

Möchten Sie noch mehr Informationen über die verschiedenen Aromen? Oder wollen Sie wissen, wie z.B. ein Barbera aus dem Piemont typischerweise schmeckt oder in welchen Weinen die Mourvèdre-Traube vorkommt? Dann schauen Sie doch einfach unter **www.avinis.com**. Sie finden dort auch sehr einfach die Bezugsquelle von Weinen, bei denen es etwas Spezielles zu entdecken gibt.

Leicht und spielend und umfassend.

Ihr Kurt Gibel

Die 1. Ausgabe dieses Werkes erschien 1994 in der gkm-edition, Bonstetten.

5., vollständig überarbeitete Ausgabe, 2001

Auflage 4. 3. 2.
Jahr 2006 05 04

Grillparzerstr. 12, 81675 München
Hallwag ist ein Unternehmen des Verlagshauses Gräfe und Unzer, Ganske Verlagsgruppe
hallwag-leserservice@graefe-und-unzer.de

Gesamtkonzept:	Kurt Gibel, Bonstetten, www.avinis.com
Advocatus Diaboli:	Rosella Gibel
Lektorat:	Urs Aregger
Illustrationen:	Flavia Travaglini
artmap-Darstellung:	ergocom AG
Umschlaggestaltung:	KMS Team GmbH, München
Umschlagfoto:	Stefan Braun
Druck und Bindung:	Kösel, Kempten (www.KoeselBuch.de)

ISBN 3-7742-6252-7

GRÄFE UND UNZER

Hallwag

Ein Unternehmen der
GANSKE VERLAGSGRUPPE

Inhaltsverzeichnis

Vorwort

Weltweit werden jährlich 35 Milliarden Flaschen Wein vinifiziert. Allein aus Europa wetteifern über zehn Länder und unzählige Regionen mit verschiedensten Traubensorten um die Gunst der Weinliebhaberinnen und Weinliebhaber.

Die Konsumenten haben die Qual der Wahl. Der beste Ratgeber beim Kauf eines guten Tropfens bleibt der menschliche Gaumen – allen chemischen Prüfmethoden zum Trotz. Je besser die degustativen Fähigkeiten, desto treffsicherer werden die Weineinkäufe ausfallen und umso größer ist der Weingenuss.

Die bildliche Darstellung des Degustationsvorgangs wird es Ihnen erleichtern, die Geruchs- und Geschmackswahrnehmungen auf der rechten Hirnhälfte mit den analytischen Fähigkeiten der linken Hirnhälfte zusammenzubringen.

Dank dieser spielerischen Methode werden Sie bald routiniert Ihre Sinneseindrücke beim Weingenuss mit den passenden Worten beschreiben und den Geheimnissen des Weins auf die Spur kommen. Leicht und spielend.

I Degustation

Voraussetzungen

Um eine erfolgreiche Verkostung durchzuführen, sollten Sie vor dem Start auf folgende Punkte achten:

klarer Kopf

Degustieren beansprucht die ganze Empfindlichkeit Ihrer Sinne. Im ausgeruhten Zustand geht es besser.

neutraler Gaumen

Die Geruchs- und Geschmacksnerven dürfen nicht durch ein vorgängiges Essen oder durch Zigarettenrauch erschöpft sein.

richtige Zeit

Degustieren ist kein Akt der Hektik. Um den Zauber eines Weins zu ergründen, brauchen Sie genügend Zeit. Beste Tageszeit dazu: vor dem Mittag- oder Abendessen.

ideales Umfeld

Die Luft muss frei von Fremdgerüchen sein. Für die optische Beurteilung des Weins brauchen Sie gutes Licht und ein weißes Tischtuch als Hintergrund.

optimales Glas

Hände weg von farbigen Gläsern! Für die Degustation empfiehlt sich das genormte INAO-Glas. Es wird bis knapp zur breitesten Stelle mit etwa 40 bis 50 ml Wein gefüllt.
Tipp: Vergleichen Sie zur Probe einmal den gleichen Wein aus verschiedenen Gläsern. Sie werden staunen, wie andersartig er schmeckt.

der Wein

Massenweine eignen sich zum Üben des Degustationsvorgangs, geben jedoch in geschmacklicher Hinsicht meistens nicht viel her. Gute Qualitäten eröffnen neue Genusswelten. Probieren Sie Flaschen verschiedener Preiskategorien gleichzeitig, um den direkten Vergleich anzustellen.

richtige Weintemperatur

Aroma und Geschmack entfalten sich je nach Temperatur anders. Wie warm ein Wein beim Trinken ist, spielt deshalb eine zentrale Rolle (siehe Seite 62).

Die Degustation in zehn Schritten

1.
Klappen Sie die beiden Umschlagdeckel aus. Sie sind der Kern des Büchleins. Mit der bildlichen Darstellung links erfassen Sie auf einen Blick den gesamten Degustationsvorgang, mit jener rechts die wichtigsten Aromen. Nennen wir diese zwei Übersichten fortan «Wine Maps» (Weinkarten).

2.
In der Wine Map links stehen die beteiligten Sinnesorgane (Auge, Nase und Mund) im Zentrum. Die Farbschweife führen vom Sinnesorgan aus zu einer breiten Palette von Begriffen und Bildern, die bei der Weindegustation üblich sind.
Folgen Sie den Begriffsgruppen im Uhrzeigersinn und halten Sie Ihre Geschmacksempfindungen gemäß den vorgefertigten Checklisten fest (Seite 12 für Rotwein und Seite 13 für Weißwein).

3.
Sollte Ihnen die Technik des Verkostens noch nicht geläufig sein, finden Sie erläuternde Hinweise in Kapitel II – jeweils zu Beginn des Abschnitts.

4.
Beurteilen Sie den Wein zuerst mit Ihren Augen. Der grüne Farbschweif führt Sie zu den passenden Begriffen für das visuelle Erscheinungsbild des Weins.
Klarheit? Perlage? Oberfläche? Farbtönung und Farbtiefe?
Die Weinfarben auf den Buchklappen geben Ihnen weitere wesentliche Anhaltspunkte.

5.
Jetzt prüfen Sie den Wein mit Ihrer Nase.
Reintönigkeit? Intensität? Qualität? Dominieren blumige, würzige oder andere Noten?
Wechseln Sie zur zweiten Wine Map und lassen Sie sich von über hundert Aromen inspirieren. Suchen Sie auf keinen Fall krampfhaft nach Gerüchen, denn manchmal haben Weine ein einfaches, oft auch nichts sagendes Bukett. Es gibt aber auch Gewächse, bei denen Sie auf Anhieb Holzfässer, Blumen oder Fruchtaromen riechen werden.

6.
Beim nächsten Schritt kommt der Mund zum Zug.
Erster Eindruck? Süße? Säure? Gerbstoffe? Körper? Abgang?
Wählen Sie die geeigneten Begriffe auf der Wine Map links!

7.
Zum Schluss fassen Sie Ihre Wahrnehmungen zu einem Gesamteindruck zusammen. Sind sie in Harmonie? Beschreiben Sie den Charakter des Weins, wiederum anhand der Begriffe der linken Wine Map, oder mit zunehmender Übung mit eigenen Fantasiebezeichnungen.

8.
Jede Begriffsgruppe auf den Wine Maps ist nummeriert. Diese Nummer führt Sie zur Seitenzahl, wo Sie nach der Degustation vertiefte Informationen finden und gleichzeitig Ihre Geschmacksempfindungen auf deren Richtigkeit überprüfen können. Entschlüsseln Sie Ihre Notizen im Kapitel II. Die Fachbegriffe werden im Glossar (Seite 66ff.) erläutert.

9.
Zur Benotung des Weins stehen unterschiedliche Skalen zur Verfügung. Ein mögliches Bewertungssystem ist die Vergabe von insgesamt 20 Punkten nach dem folgenden Schema:

Aussehen:	bis 3 Punkte
Geruch:	bis 6 Punkte
Geschmack:	bis 8 Punkte
Gesamteindruck:	bis 3 Punkte
Total:	20 Punkte

10.
Bekanntlich ist noch kein Meister vom Himmel gefallen. Lesen Sie daher diese Anleitung so oft durch, bis Sie sich in den Wine Maps und dem Büchlein gut zurechtfinden.

Tipps und Tricks

Auch bei der Weindegustation entwickelt sich die Treffsicherheit erst nach einiger Übung.

Wichtig ist, dass Sie anhand der Wine Maps systematisch vorgehen und Ihre Sinne schärfen. Natur und Küche bieten unzählige Möglichkeiten, unsere oft verkümmerten Organe anzuregen und zu schulen.

Geschmacksvergleiche und wachsende Routine schaffen eine gute Basis für das sichere Verstehen eines Weins. Je größer Ihr Erfahrungsschatz ist, desto freier werden Sie nach Ihren eigenen Maßstäben Weinbeurteilungen vornehmen, unabhängig von Besserwissern und schönen Etiketten.

Lassen Sie sich den Spaß am Weintrinken nicht durch Analysen und Gegenanalysen verderben. Spielerische Neugierde und die Freude am Kennenlernen neuer Tropfen sind die besten Voraussetzungen für rasche Fortschritte im Verkosten.

Degustationsblatt Rotwein

Wein:

Name und Produzent
Kaufdatum
Lieferant
Preis
geografische Herkunft
Rebsorte

Degustation:

Datum der Probe

Eindrücke:

Anblick

Klarheit
Oberfläche
Farbtönung
Farbtiefe

Geruch

Reintönigkeit
Intensität
Qualität
Aromen

Geschmack

erster Eindruck
Säure
Gerbstoffe
Körper
Alkohol
Rückgeruch
Länge

Gesamteindruck

Harmonie
Charakter

Degustationsblatt Weißwein

Wein:

Name und Produzent

Kaufdatum

Lieferant

Preis

geografische Herkunft

Rebsorte

Degustation:

Datum der Probe

Eindrücke:

Anblick

Klarheit

Oberfläche

Farbtönung

Geruch

Reintönigkeit

Intensität

Qualität

Aromen

Geschmack

erster Eindruck

Kohlensäure

Süße

Säure

Körper

Alkohol

Rückgeruch

Länge

Gesamteindruck

Harmonie

Charakter

II Merkmale von Weinen und ihr möglicher Ursprung

Wein ist ein Naturprodukt – abhängig von Klima, Erdbeschaffenheit und liebevoller Pflege.

Ein Cabernet Sauvignon beispielsweise kann je nach Herkunft, Lage, Jahrgang, Verarbeitung, Lagerung usw. unterschiedlich schmecken.

Es gibt Merkmale, die klar auf eine Rebsorte, ein Gebiet oder eine Verarbeitungstechnik hinweisen. Andere geben Fingerzeige, deuten Möglichkeiten an, lassen sich jedoch nicht eindeutig interpretieren.

Die folgenden Seiten mit vertieften Informationen zu jedem Weinmerkmal werden Sie oft auf die richtige Fährte führen.

Anblick

Tränen an der Glasinnenwand stammen vom Alkohol und nicht wie vielfach angenommen vom Glyzerin. Am besten sind sie bei einem Alkoholgehalt von mehr als 12 Volumenprozent sichtbar. Bläschen an der Oberfläche sind nichtverflüchtigtes Kohlendioxid (CO_2) aus der Weinbereitung oder weisen auf eine Nachgärung in der Flasche hin.

Klarheit

Degustationstechnik
Halten Sie dazu das Glas gegen eine Lichtquelle.

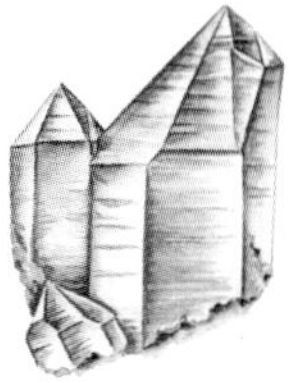

kristallen

Je säurereicher der Wein, desto leuchtender seine Farbe.

klar

Frei von Schwebeteilchen. Zu matter Wein weist auf Säurearmut hin.

mit Schleiern

Bleibt der Schleier bestehen, so weist dies auf aktive Bakterien oder zu warme Lagerung hin. Sinken die Partikel aber ab, so handelt es sich um ausgeflockte Gerb- und Farbstoffe oder um Weinstein (kein Fehler! Dekantieren!).

trüb

Bleibt die Trübung bestehen, so weist dies meist auf aktive Bakterien oder Hefen hin (Gärung). Sinken die Partikel aber ab, so handelt es sich um ausgeflockte Gerb- und Farbstoffe oder um Weinstein (kein Fehler! Dekantieren!).

Perlage

Degustationstechnik
Halten Sie dazu das Glas gegen eine Lichtquelle.

Perlengröße

feine Perlen

Weist darauf hin, dass der Wein in der Flasche und bei einer tiefen Temperatur gegärt hat (ca. 11° C).

grobe Perlen

Weist auf eine zu stürmische Flaschengärung oder auf Tankgärung (Drucktank) hin. Schaumwein minderer Qualität.

Schaumstabilität

anhaltende Schaumbildung

Gute Qualität zeichnet sich durch anhaltendes und gleichmäßiges Aufsteigen von feinen Perlschnüren aus.

flüchtiger Schaum

Der Schaum verschwindet schnell, wenn die Kohlensäure künstlich zugesetzt worden ist oder wenn Spuren von Abwaschmittel, Lippenstift o.Ä. am Glas haften.

Oberfläche

Degustationstechnik
Halten Sie dazu das Glas gegen eine Lichtquelle.

spiegelnd

Im Handel erhältlicher Wein muss eine spiegelnde Oberfläche haben!

matt

Fehler.

Farbtönung

Degustationstechnik

Halten Sie das Glas schräg in der Hand und betrachten Sie es von oben gegen einen weißen Hintergrund. Beachten Sie beim Rotwein neben dem Zentrum vor allem auch die Farbschattierungen am Rand des Weins.

Weißwein

Mit zunehmendem Alter werden Weißweine im Allgemeinen etwas dunkler. Die Farbtönung liefert ebenfalls Hinweise auf die Rebsorte, die Traubenreife, vor allem aber auch auf die Verarbeitung sowie den Ausbau des Weins.

graugelb

Junger, eher einfacher Wein. Meist aus unreifem Traubengut oder im Keller zu stark behandelt (Kohle, zu starke Schönung usw.).

grünlich

Grünliche Reflexe weisen meist auf einen säurereichen Wein hin.

junger Grüner Veltliner oder Riesling

blassgelb

Gelbton ohne funkelnde Reflexe.

blassgold

Blasser Gelbton mit funkelnden Reflexen.

goldgelb

Bei reifen und konzentrierten Weinen anzutreffen.

Chardonnay
Sémillon
Gewürztraminer

golden

Kann Hinweis auf Edelfäule sein.

Sauternes

goldbraun

Bei trockenem Wein Hinweis auf Überalterung, ansonsten auf oxydativ ausgebautes Gewächs (z.B. Sherry).

bernsteinfarben

Bei trockenem Wein Hinweis auf Überalterung, ansonsten auf oxydativ ausgebautes Gewächs.

braun

Lebloser Wein. Aber auch Farbe von sehr oxydativ ausgebauten Gewächsen.

Sherry Oloroso
Malmsey

Roséwein

Die Farbtönung von Roséweinen wird vor allem durch die Dauer des Maischekontakts und die Rebsorte bestimmt.

kirschfarben

Junger Wein, meist aus farbintensiven Rebsorten.

himbeerfarben

Junger, fruchtiger Wein.

lachsfarben

Leicht gereifter Rosé.

zwiebelhautfarben

Gereifter Rosé aus einer sehr kurzen Maischegärung.

Rotwein

Junger Wein hat bläuliche Pigmente, mit fortschreitendem Alter werden die Orange- und Brauntöne intensiver. Die Farbtönung liefert ebenfalls Hinweise auf die Rebsorte, die Traubenreife, vor allem aber auch auf die Verarbeitung und den Ausbau des Weins.

tintenfarben

Junger, sehr konzentrierter Wein. Meist mit viel Extraktstoffen.

purpurrot

Intensives Dunkelrot von sehr jungen Weinen.

kirschrot

Junger, oft noch wenig entwickelter Wein.

rubinrot

Rot mittlerer Intensität.

granatrot

Dunkles Rot mit leicht orangen Reflexen.

ziegelrot

Der zunehmend orange Farbanteil weist auf einen reifen Rotwein hin. Ist auch bei oxydativ ausgebauten Portos und Banyuls anzutreffen.

kupferrot

Meist überreifer Wein.

Farbtiefe

Degustationstechnik
Halten Sie Ihr Glas schräg in der Hand und betrachten Sie es von oben gegen einen weißen Hintergrund. Die Farbintensität beurteilen Sie im Zentrum des Weins.

undurchsichtig

Glanzloser, lichtundurchlässiger Wein.

dunkel, kräftig

Tanninreicher, gut strukturierter Wein.

mittlere Farbtiefe

blass

Blasse Rotweine sind meist auch körperarm. Mögliche Gründe: hoher Hektarertrag, kurzer Ausbau oder klimatisch schlechtes Jahr.

Geruch

Degustationstechnik

1. Halten Sie das Glas an die Nase und konzentrieren Sie sich auf den ersten, flüchtigen Eindruck. Beurteilen Sie Reintönigkeit, Intensität und Qualität. Erinnert Sie das Bukett an Blumen, Früchte, Holz oder andere feine oder unfeine Düfte? Erkennen Sie gar bereits einige der sehr feinen Aromen?

2. Schwenken Sie das Glas leicht und versuchen Sie weitere Aromen zu erschnüffeln. Mehrmaliges, kurzes Schnuppern ist tiefem Einatmen vorzuziehen.

3. Kräftiges Schwenken kann noch weitere, schwerere Aromastoffe freisetzen.

4. Beschnuppern Sie unmittelbar nach dem letzten Schluck das leere Glas für den abschließenden Eindruck. Im leeren Glas entdecken Sie oft weitere Aromen, angenehme wie auch weniger erfreuliche Gerüche.

Reintönigkeit

reintönig

Das ideale Bukett. Siehe «sauber»

sauber

Der Wein hat keine störenden Fremdgerüche wie übermäßiges Holzaroma oder andere Noten, die das Bukett beeinträchtigen.

leicht fehlerhaft

Mit leichten Fremdgerüchen.

übelriechend

Wein mit deutlich wahrnehmbaren chemischen oder andern unangenehmen Gerüchen.

Intensität der Aromen

Hängt vom Ertrag, von der Rebsorte und vom Jahrgang ab.

aufdringlich

Ermüdet den Geruchssinn. Sehr intensive, oft einseitige und aggressive Gerüche.

wuchtig

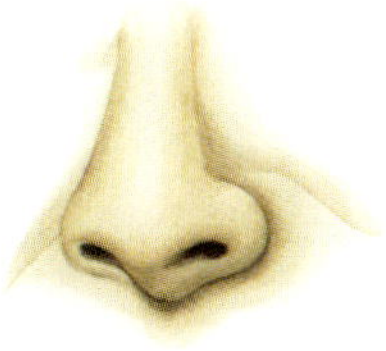

Ein kräftiges, betörendes Aroma.

Albariño, Spanien
Gewürztraminer
Muskateller / Muscat
Pinot gris, Elsass
Rotgipfler, Österreich
Sauvignon blanc
Silvaner
Vermentino
Viognier
Walliser Spezialitäten, Schweiz
... und viele andere mehr!

intensiv

Anhaltendes Aroma.

ausreichend

Noch deutlich wahrnehmbares Bouquet.

verhalten

Sehr junger Wein, der sich noch entwickeln muss. Die Aromen werden mit zunehmender Reife intensiver.

inexistent

Übermäßiger Ertrag oder neutrale Rebsorte.

Qualität

Das optimale Bouquet ist reich an Nuancen und klingt selbst im leeren Glas noch lange nach.

komplex

Vielfältiges Aroma, das zum Entdecken einlädt.

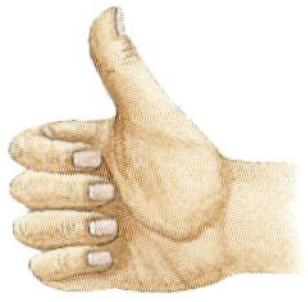

fein

Elegante, feine Aromen.

rassig

Ein von der Säure gestütztes, frisches, elegantes Aroma.

gewöhnlich, einfach

Uninteressantes, diskretes Aroma.

plump

Gewöhnlich oder gar abstoßend.

Aromen

Die einzelnen Aromen werden auf den nächsten Seiten ausführlich erläutert.

blumige Aromen

Akazie

Tocai, Norditalien
Favorita, Piemont

Lindenblüte

Chardonnay, Australien
Chasselas / Gutedel
Gewürztraminer, Friaul

Geißblatt

Lebhafter, zarter Blumenduft mit einem leichten Honigaroma.

Weißdorn

Rose

In unbewegtem Glas wahrnehmbar.
Gewürztraminer
Muscat / Muskateller, Elsass
Nebbiolo, Piemont
Pinot noir
Siegerrebe, Deutschland
Riesling X Sylvaner / Müller-Thurgau*

Veilchen, Iris

Kräftiges, süßliches Aroma.
Mammolo, Toskana
Schioppettino, Friaul
Verduzzo, Friaul
junger Nebbiolo, Piemont
junger Pinot noir

Geranienlaub

Kann entstehen, wenn für die Gärsteuerung des Weins Sorbinsäure verwendet wird. Werden im so behandelten Wein dann Milchsäure-Bakterien aktiv, bilden diese den Stoff der mit Alkohol reagiert und den unangenehmen Geruch auslöst.

* Nach neuesten Forschungsergebnissen eine Kreuzung von Riesling X Madeleine Royal, eines Abkömmlings der Chasselas- alias Gutedelrebe.

fruchtige Aromen

Die Aromen gelber Früchte sind eher in Weißweinen, jene von roten Früchten in Rotweinen anzutreffen.

Beeren

Erdbeere

Brachetto, Piemont
Braquet, Provence
Gamay
Pinot noir, Loire
Cabernet franc, Loire
Schwarzriesling, Deutschland
Tempranillo, Spanien

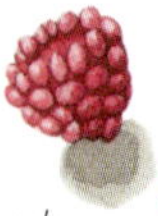

Himbeere

Grenache / Garnacha / Cannonau
Pinot noir/ Blauburgunder / Spätburgunder
Cabernet franc, Bourgueil (Loire)

Brombeere

junger Syrah / Shiraz, v.a. aus dem Rhône-Gebiet
Zinfandel
Schioppettino, Friaul
Dornfelder, Deutschland
Lemberger, Deutschland
Dolcetto, Piemont

schwarze Johannisbeere / Cassis

In Rotweinen häufig anzutreffen. Ist meist ein eher unauffälliges Aroma.

Cabernet Sauvignon
Cabernet franc
Huxelrebe, Deutschland
Scheurebe, Deutschland

rote Johannisbeere

Cabernet Sauvignon, Österreich
Portugieser, Deutschland
Blauburgunder, Schweiz
Vernatsch / Schiava, Südtirol

Heidelbeere

Teroldego, Trentino
Merlot
Malbec

Holunderbeere

Dornfelder, Deutschland
Lemberger, Deutschland
Sangiovese, Toskana

Stachelbeere

Sauvignon blanc, v. a. aus dem Loire-Gebiet und aus Neuseeland
Silvaner, Deutschland

Obst, Steinobst

Kirsche

junger Pinot noir
junger Nebbiolo
Ciliegiolo, Umbrien
Schwarzriesling, Deutschland
Blaufränkisch, Österreich
St. Laurent, Österreich
Zweigelt, Österreich
Recioto della Valpolicella, Venetien

Sauerkirsche

junger Barbera, Piemont
Dornfelder, Deutschland
Lemberger, Deutschland

Pflaume

Merlot
Nebbiolo, Piemont
Pinot noir, Kalifornien
Refosco, Friaul
Pinotage, Südafrika
Weine aus Porto und Rasteau

Aprikose

Oft in Weinen aus getrockneten oder edelfaulen Trauben anzutreffen.

süße Chenin-blanc-Weine aus der Loire
Bical, Bairrada (Portugal)
Picolit, Friaul
Viognier
junger Riesling, Pfalz

Pfirsich

Albariño / Alvarinho
Chardonnay, Australien
Huxelrebe, Deutschland
Ortega, Deutschland
Riesling
Viognier

Quitte

Zierfandler, Österreich
reifer Chenin blanc, Loire

Birne

Favorita, Piemont
Grauburgunder, Deutschland
Kerner, Deutschland

grüner Apfel

junger Chardonnay
junger Riesling
Marsanne
Steen / Chenin blanc, Südafrika
Verduzzo, Friaul

überreifer Apfel

Zeichen für beginnende Oxydation.
reifer Chardonnay

Zitrusfrüchte

Limone

australische Weißweine

Zitrone

Manchmal auch in säureangereicherten Weinen anzutreffen. In unbewegtem Glas wahrnehmbar.

junger Sémillon
Sauvignon blanc, Languedoc
Picpoul de Pinet, Languedoc

Orange

Muskateller / Muscat
Kerner, Deutschland

Grapefruit

Falls überwiegend: unreifes Traubengut.

Riesling
Rieslaner, Deutschland
Scheurebe, Deutschland
Petite Arvine, Wallis
Chardonnay, Neuseeland

tropische Früchte

Typisch für kühl vergorene Weine (10 bis 15 °C).

Sauvignon blanc, Neuseeland
aber auch:
Scheurebe, Deutschland
Weißer Riesling, Pfalz
Roussette, Savoyen und Bugey
Viognier

Ananas

Aroma kann sich bei sehr tiefen Gärtemperaturen bilden.

Chardonnay, Australien und Kalifornien
Grauburgunder, Deutschland
Sauternes

Banane

Auch Amylgeruch genannt. Tritt bei Weinen auf, die mittels Kohlensäuremaischung bereitet wurden (Macération carbonique) oder bei tiefen Temperaturen gären (weniger als 17° C). Sind einfache, jung zu trinkende Weine.

Beaujolais nouveau

Litschi

Gewürztraminer

Mango

Petite Arvine, Wallis

Melone

Chardonnay, Mâconnais
süßer Constantia, Südafrika

Muskateller, Traubenaroma

Muskateller / Muscat / Moscato / Moscatel
Aleatico, Toscana
Huxelrebe, Deutschland
Torrontés, Argentinien

getrocknete Früchte

getrocknete Aprikose

Süßweine aus Sauternes, Barsac, Entre-Deux-Mers
Constantia, Südafrika

Dörrpflaume

Sehr reifer Wein. Aroma ist auch in verstärkten Weinen anzutreffen.

Banyuls
Vintage Port

Erdbeermarmelade

Wein aus sehr reifem oder sogar überreifem Traubengut. Kann auch auf eine Maischeerhitzung hinweisen.

Pinot noir, Kalifornien
Tempranillo, Rioja

Rosine

Wein aus teilgetrockneten Trauben oder sehr heißer Region.

Moscatel de Valencia
Tawny Port
Vintage Port
verstärkte Weine aus Banyuls, Maury, Rivesaltes
Madeira

Feige

Wein aus sehr reifen oder teilgetrockneten Trauben. Meist aus sehr heißen Regionen. Typisch auf für:

Pedro Ximénez (Vino dulce), Sherry
Oloroso seco, Sherry
Vintage Port

Kokosnuss

Weist auf Ausbau in kleinen Eichenfässern hin.

Haselnuss

Weißweinaroma. Weist auf Ausbau in Holzfässern hin.

Chardonnay, Burgund
Süßweine aus dem Bordeaux (Sauternes, Barsac usw.)
aber auch:
Grechetto, Umbrien
Vernaccia, Toscana

Mandel

Arneis, Piemont
Garganega, Soave
Tocai, Venetien und Friaul
süßer Chenin blanc, Loire
Weißburgunder / Pinot blanc / Pinot bianco
Portweine
Sherry

Marzipan

Marsanne, Südfrankreich

vegetabile Aromen

erfrischend

Minze

Nur in unbewegtem Glas wahrnehmbar.

Cabernet Sauvignon, Australien
Shiraz, Australien

Eukalyptus

Deutet oft auf Barrique-Ausbau hin.

Cabernet Sauvignon, Australien

grasig

Gras

Weist auf unreifes Traubengut oder auf Rebsorten hin, die reich an vegetabilen Aromen sind (Cabernet franc, Cabernet Sauvignon). Schwache grasige Noten können sich mit der Zeit in Aromen wie Farn, Minze, Tee oder Heu umwandeln.

ausgeprägt in:
Cabernet franc, Italien
Cabernet Sauvignon, Südtirol
Sémillon

grüner Paprika, Peperoni

Dieses Aroma ist vorwiegend in Weinen aus Cabernet franc und Cabernet Sauvignon anzutreffen. Falls es überwiegt, deutet dies auf unreifes Traubengut hin.

ausgeprägt in:
Cabernet franc, Italien
unreifem Cabernet Sauvignon, Südtirol
unreifem Cabernet Sauvignon aus Neuseeland und Australien
unreifem Sauvignon blanc aus Neuseeland

Gemüse

Spargel

Typisch für Sauvignon blanc in heißen Jahren oder von zu heißem Standort.

Olive

Mourvèdre

Kohl

Weist meist auf reduktiven Ausbau hin. Falls Kohlgeruch intensiv ist und nach dem Belüften nicht verschwindet, ist der Wein fehlerhaft.

Aber auch in Weinen aus folgenden Rebsorten anzutreffen:
Fernão Pires, Portugal
Xarel-lo, Cava (Spanien)

Zwiebel, Knoblauch

Weist meist auf reduktiven Ausbau hin. Falls Aroma intensiv ist und nach dem Belüften nicht verschwindet, ist der Wein fehlerhaft.

Trockenes

Vegetabile Aromen, die sich mit zunehmender Reife in der Flasche umgewandelt haben.

Tabak

Kann in einem reifen Bordeaux aus einem kühlen Jahrgang ausgemacht werden (vegetabiles Aroma) oder in Weinen, die in Barriques ausgebaut worden sind (Röstaroma).

Médoc- und Graves-Weine
Châteauneuf-du-Pape
Tempranillo, Spanien
Tinta Roriz, Portugal

Tee

Tawny Port
Vintage Port
Roussanne, Rhône

Heu, Stroh

Chenin blanc, Loire
Picolit, Friaul
Silvaner, Deutschland
Merlot

erdig

Erdige Noten sind typisch für:

Cabernet Sauvignon im Südtirol
Cabernet Sauvignon im Hunter Valley (Australien) und in Südafrika
Petite Sirah, Kalifornien
Riesling, Württemberg

Unterholz

Falls überwiegend: nicht einwandfreie Fässer, unsaubere Keller oder von Graufäule befallenes Traubengut.

Humus

Falls überwiegend: nicht einwandfreie Fässer oder unsauberer Keller.

reifer Pinot noir, Burgund

Staub

Falls überwiegend: nicht einwandfreie Fässer.

Rotweine aus Graves, Bordeaux

Pilz

Positiv, wenn in kleiner Menge vorhanden. Falls überwiegend und eher an Schimmelpilz erinnernd: nicht einwandfreie Fässer, unsauberer Keller oder mit Graufäule befallenes Traubengut.

Merlot

Steinpilz

Nobles Aroma. Bildet sich nach langer Reife in der Flasche.

Trüffel

In großen Rotweinen nach mehreren Jahren Lagerung.

gereifter Nebbiolo, Piemont
gereifter Pinot noir, Burgund

Gewürzaromen

Vanille

Sehr häufig vorkommendes Aroma. Weist meist auf Ausbau in neuen, kleinen Eichenholzfässern (Barriques) hin. Die amerikanische Eiche (Quercus alba) schmeckt stärker als z.B. die in Bordeaux (Quercus sessiliflora) oder in Cognac verwendete (Quercus robur).

Weine aus Spanien und Übersee

Lakritze, Süßholz

Oft in Weinen aus den Rebsorten Mourvèdre, Merlot und Syrah anzutreffen. Auch in Weinen, die in erhitzten Barriques ausgebaut wurden.

Anis, Fenchel

Grenache, Rhône

Ingwer

Falls nicht sortentypisch: Aroma von Weinen aus stark angerösteten Holzfässern.

Gewürztraminer

Zimt

Häufig in den besten Banyuls (Banyuls Rimage) und auch in Weinen aus heißen Regionen anzutreffen. Aroma kann sich ebenfalls während dem Barrique-Ausbau bilden.

Gewürznelke

Aroma in einigen Rebsorten anzutreffen. Es kann sich ebenfalls während dem Holz- bzw. Barrique-Ausbau bilden.

Weine aus dem Médoc, Bordeaux
Cabernet Sauvignon
Gewürztraminer, Deutschland
Malbec

Pfeffer

Grenache / Garnacha / Cannonau
Blaufränkisch, Österreich
Grüner Veltliner, Österreich
Schioppettino, Friaul
junger Syrah / Shiraz
Cabernet Sauvignon, Südafrika

Lorbeer

Loureiro, Galicien (Spanien)
Loureira, Vinho verde (Portugal)
Verdejo, Kastilien-Léon (Spanien)

Muskatnuss

Falls nicht sortentypisch: Aroma von Weinen aus stark angerösteten Holzfässern.

Holzaromen

Eiche

Der am häufigsten verwendete Fasstyp (ermöglicht dosierte Sauerstoffzufuhr). Um den Wein kostengünstig zu aromatisieren, wird er während dem Ausbau mancherorts nur mit Eichenholzspänen versetzt.

Kastanie

Ausbau in Kastanienfässern. Meist in Regionen anzutreffen, wo auch Kastanienbäume heimisch sind. In diesem Holz ausgebaute Weine können äußerst tanninreich ausfallen.

Weine aus Portugal

Zeder

Erinnert an den Duft einer Zigarrenkiste. Stammt vom Ausbau in neuen Eichenfässern und ist oft in gereiften Weinen anzutreffen.

Bleistift

Rotweine aus Graves, Bordeaux

feuchtes Holz, Moder

Weine mit mangelhaftem Korken. Oder aus unsauberen Fässern oder Kellern.

Röstaromen

Ruß

Erinnert auch an Holzteer in alten Kaminen.

gereifter Pinot noir

Rauch

Rebsorten- oder terroirspezifisch (Bodenbeschaffenheit). Bei Weinen, die in Barriques ausgebaut worden sind, weist dieses Aroma auf eine kräftige Anröstung des Fasses hin.

Barbera, Piemont
Pinot gris
Pinot noir, Wallis
Sauvignon blanc, Pouilly-Fumé (Loire)
Sémillon, Neuseeland

Kaffee

Anzutreffen in Weinen, die in Barriques ausgebaut worden sind.

Aber auch:
Banyuls
Madeira
Portugieser, Deutschland und Österreich

Kakao

Rotweine aus dem Médoc, Bordeaux
Cabernet franc, Loire
Merlot
Ruländer, Österreich
gereifter Nebbiolo
Vintage Port

Karamell

In einigen oxydierten Weinen (z.B. Sherry amontillado) anzutreffen. Oder nach dem Ausbau in zuvor stark gerösteten Barriques aber auch in jungen sowie in gelagerten Weinen. Falls überwiegend oder sogar zusammen mit Dörrpflaume einziges Aroma: Überreifer Wein.

Sherry (Amontillado, Oloroso dulce)
gereifte Weißburgunder, Deutschland

Biskuit, Butterscotch

Jahrgangs-Champagner
gereifter Chardonnay, Burgund
Negroamaro, Apulien (Italien)

Toastbrot

Starke Sonneneinstrahlung im Sommer oder bei der Fassherstellung stark angeröstetes Holz.

Aber auch:
Champagner
Schaumweine aus Franciacorta (Lombardei)
gereifte Riesling und Sémillon aus Australien

verbranntes Holz

Übermäßig angeröstete Fassdauben.

angebrannter Gummi

Diese Note ist typisch für Syrah-Weine aus dem Rhône-Gebiet. Fehler, falls Geruch überwiegend.

mineralische Noten

Mineralien

Cabernet Sauvignon, Chile und Coonawarra (Australien)
Chardonnay, Chablis Grand Cru
Chasselas, Chablais (Schweiz)
Riesling, Mosel-Saar-Ruwer
Riesling, Oregon (USA)

Feuerstein

= Wetzstein. Bei Weinen aus Schiefersteinlagen oder aus sehr sonnenreichen Jahren anzutreffen.

Chasselas / Gutedel

Petrol

gereifter Riesling, ausgeprägt im Elsass und in Neuseeland

balsamische Noten

Wachs

In reifen Weißweinen anzutreffen
Chenin blanc, Loire.

Honig

Typisch für Weine aus edelfaulen Trauben sowie für Spätlesen und weiße Vins doux naturels.

Harz

Edles Aroma, sofern in kleinen Mengen vorhanden. Stammt meist vom Ausbau in harzhaltigem Holz (Pinien, Tannen usw.). In Griechenland werden dem Traubenmost für eine bestimmte Zeit sogar noch Harzstückchen zugesetzt. Ergibt dann den Retsina-Wein.

Teer

Nebbiolo, Piemont
Syrah / Shiraz

tierische Noten

Leder

Stark ausgeprägt in gerbstoffreichen Rotweinen. Aroma entsteht bei der Verbindung von Gerbstoffen mit Eiweiß.

Syrah / Shiraz
Mourvèdre

Moschus

Chenin blanc, Kalifornien
Muscadelle, Frankreich
Pinot gris, Elsass

Fleisch

Rotweine aus dem Pomerol, Bordeaux

Wild

Meist in Rotweinen anzutreffen, die lange auf der Hefe gelegen haben.

Bandol, Provence
Hermitage, Rhône
Castelão Francês, Portugal
gereifter Pinot noir

Stallgeruch

Fehlerhafter Wein (unsaubere Fässer, Gärung in der Flasche). Oft verursacht durch eine Brettanomyces-Hefe.

Katzenpipi

Sehr typisch bei unreif geerntetem Sauvignon blanc.

Mäuseln

Abstoßender Geruch, verursacht durch Brettanomyces-Hefen. Weist auf mangelnde Hygiene bei der Weinbereitung oder auf zu geringen Schwefeleinsatz hin.

Schweiß

Intensiv schweißige Noten (Diacetyl) können auftreten, wenn nach der Gärung keine oder zu wenig schweflige Säure zugegeben worden ist.

aber auch:
Rotweine aus dem Hunter Valley (Australien)

Foxton

Starker Geruch nach Fuchsfell. Typisch für Weine aus amerikanischen Rebsorten oder für Hybridweine.

Concord, USA und Kanada
diverse Labrusca-Reben, USA

chemische und andere Noten

Butter

Ein frisches Butteraroma ist in Weinen von großer Klasse anzutreffen. Ist das Aroma eher ranzig, so weist es auf einen Ausbau in alten Barriques hin.

Chardonnay

Käse

unreif geernteter Chenin blanc

Schwefel

Riecht wie ein soeben entfachtes Streichholz. Kommt manchmal in jung abgefüllten Weinen vor, öfter aber auch in Süßweinen.

Bonbon, Drops

Säuerliches, leicht stechendes Aroma. Oft anzutreffen in Weißweinen, die bei tiefen Temperaturen (weniger als 17° C) gekeltert wurden. Manchmal verschwindet der Geruch mit der Zeit.

Beaujolais nouveau
Pinotage, Südafrika
Vernatsch / Schiava, Südtirol

Lösungsmittel, Nagellackentferner

Sehr intensiver Bonbon- / Dropsgeruch.

Essigstich

Bakterielle Erkrankung des Weins durch zuviel Luftkontakt. Sticht in der Nase und ist scharf am Gaumen (Äthylacetat und Essigsäure).

Hefe

Meist in Schaumweinen und in Weißweinen anzutreffen, die auf der Hefe ausgebaut worden sind («sur lie»).

Jod

Oft bei Weinen anzutreffen, die aus Meeresnähe stammen.
Falls überwiegend: Fehler infolge Verarbeitung fauler Trauben.

Melon, Loire
Bourboulenc, Südfrankreich

faule Eier, Böckser

= Schwefelwasserstoff. Fehler bei fertigen Weinen. Bei nur leichtem Fehlgeruch kann mehrmaliges Umschütten in eine Karaffe hilfreich sein. Sind auch Noten von Knoblauch und Metall wahrnehmbar, ist der Wein nicht mehr zu retten (Bildung von Mercaptanen).

Korken

Muffiges, schimmliges Aroma.
Oft Fehler bei der Verarbeitung der Korkrinde: Die Chlorbehandlung kann Stoffe ausscheiden, die das Wachstum von Schimmelpilzen fördert und so den übel riechenden Korkton im Wein hervorbringen.
Gewisse Korken machen einen Wein aber auch «nur» bitter.
Eine weitere Ursache eines korkenähnlichen Geruchs ist das für Transportpaletten, Deckenbalken usw. verwendete Holzbehandlungsmittel Dichloranisol.

Rancio

Typisches Aroma von Weinen, die durch Einwirkung von Sauerstoff oder Wärme gezielt maderisiert worden sind. Erinnert an Karamell, kandierte Früchte, Kakao, sehr reife Nüsse.

trockener Karton

In Karton aufbewahrte Gläser sollten vor dem Gebrauch ausreichend gespült werden!

nasser Karton

Unsaubere Filter.

nasse Wolle

Falls Wein gleichzeitig «pelzig» am Gaumen ist, könnte es sich um den UTA (untypischer Alterston) handeln. Dieses Phänomen ist noch nicht abschließend erforscht, ist aber wahrscheinlich auf Stressfaktoren während der Traubenreife (Trockenheit) zurückzuführen.

Geschmack

Degustationstechnik
Am Gaumen bestätigen sich meistens die Eindrücke des Auges und der Nase.
Nehmen Sie einen rechten Schluck, und lassen Sie den Wein über die Zunge rollen. Kauen des Weins sowie zusätzliches Schlürfen intensivieren die Empfindungen und sind nicht nur erlaubt, sondern empfehlenswert!

erster Eindruck

Fällen Sie spontan Ihr Urteil!

Kohlensäure

Degustationstechnik
Wird nur kurz an der Zungenspitze wahrgenommen.

Weist auf nicht verflüchtigtes Kohlendioxid (CO_2) aus der Weinbereitung oder auf eine Nachgärung in der Flasche hin. Beeinträchtigt das Bouquet und verstärkt bei Rotweinen die Wirkung der Tannine (dekantieren!).

perlend

Spritziger, sehr leicht schäumender Wein.

prickelnd

Die Kohlensäure lässt den Wein jünger erscheinen.

schäumend

Hoher Gehalt an Kohlensäure, die mit der Zeit im Gaumen aggressiv wirkt.

Süße

Degustationstechnik
Süße wird vorwiegend bei Weißweinen beurteilt. Sie ist an der Zungenspitze und beim Abgang wahrnehmbar.

sehr trocken

Der gesamte Zuckergehalt der Traube hat sich bei der Gärung in Alkohol umgewandelt.

Weißweine von der Loire
Albariño, Galicien (Spanien)
Fino und Manzanilla, Sherry
Champagne extra brut

trocken

Durchgegorener Wein.

halbtrocken, lieblich

Wein mit unvergorenem Restzucker. Entsteht bei vorzeitigem Abstoppen der Gärung durch Abkühlung des Mostes, durch Aufspriten mit Alkohol oder wenn die Hefe nicht fit genug ist, die Gärung zu Ende zu führen. Mancherorts auch Zugabe einer Süßreserve.

weiße Spätlesen oder Auslesen, Deutschland, Österreich
Vendange tardive, Elsass
Amontillado oder Oloroso dulce, Sherry
Champagne extra dry oder demi-sec

süß

Traubenmost mit einem sehr hohen Zuckergehalt kann durch die Hefe nicht vollständig in Alkohol umgewandelt werden, es bleibt eine Restsüße. Die Gärung kann aber auch durch Zugabe von Alkohol (Aufspriten) oder durch Abkühlung des Mosts vorzeitig gestoppt werden.

Ausbruch, Österreich
Beerenauslesen, Deutschland und Österreich
Banyuls, Maury und Rivesaltes, Roussillon (Frankreich)
Sélection de Grains Nobles, Elsass
Ruby- und Tawny Port

sehr süß

Traubenmost mit noch höherem Zuckergehalt. Siehe «süß».

Trockenbeerenauslese oder Eiswein, Deutschland und Österreich
Malmsey, Madeira
Cream Sherry oder Pedro Ximénez, Sherry

Säure

Degustationstechnik

Säure wird als stechend empfunden und regt den Speichelfluss an. Sie ist vorwiegend an den Zungenrändern und an den inneren Wangenschleimhäuten wahrnehmbar.

sauer, beißend

Falls nicht rebsortentypisch: unreifes Traubengut oder zu wenig Alkoholgehalt / Extraktstoffe.

nervige Säure

Säurebetonter Wein. Nervige Weine können, falls sie zugleich körper-/extraktreich sind und genügend Gerbstoffe (Rotweine) aufweisen, lange gelagert werden.

frische, lebhafte Säure

Angenehmer Säuregehalt eines jugendlich wirkenden Weins.

geschmeidige Säure

Sehr harmonisch wirkender Säuregehalt. Reifer Wein.

flache Säure

Fehlende Säure führt zu geschmacksarmen, langweiligen Weinen mit kurzem Abgang.

Gerbstoffe

Degustationstechnik
Gerbstoffe/Tannine verursachen auf den Schleimhäuten einen rauhen, trocknenden Eindruck.

Stammen aus den Traubenhäuten, -kernen, -kämmen und auch von Holzfässern.

Gerbstoffmenge

Gerbstoffe wirken, zusammen mit den übrigen Extraktstoffen (Farbstoffe, Alkohol, Mineralstoffe) und der Säure, als Konservierungsmittel und sind für die Alterungsfähigkeit des Weins unentbehrlich. Die Gerbstoffmenge nimmt mit zunehmender Flaschenreife ab.

leicht tanninhaltig

Blauburgunder, Spätburgunder
Gamay
Dornfelder, Deutschland
St. Laurent, Österreich
Zweigelt, Österreich
Teroldego, Trentino (Italien)
Rotweine aus Navarra, Spanien
Pinotage, Südafrika

mäßig tanninhaltig

Cabernet Sauvignon aus Übersee
Merlot

stark tanninhaltig

Tannat, Madiran (Frankreich)
Cabernet Sauvignon
Blaufränkisch / Lemberger
Carignan / Cariñena / Mazuelo / Carignano
Mourvèdre, Frankreich
Nebbiolo, Piemont
Refosco / Terrano, Friaul
Sangiovese, Toskana
Rotweine aus Portugal

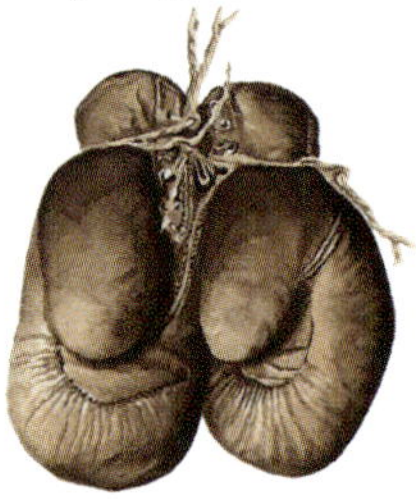

Gerbstoffqualität

Die Gerbstoffqualität ist stark abhängig vom Reifegrad der Trauben und von der Weinbereitung (Pressung, Gärtemperatur und -dauer, Ausbau im Holzfass usw.).

feinkörnige Tannine

Seidige Tannine.

grobkörnige Tannine

Unreife Tannine.

gut eingebundene Tannine

spröde Tannine

Unangenehme Tannine bei gleichzeitig fehlender Fruchtigkeit des Weins. Wein «trocknet aus».

adstringierend

Gerbstoffe, die «unendlich» lange im Gaumen haften bleiben. Meist wird diese unangenehme Empfindung durch die Präsenz von viel Säure noch verstärkt.

Bitterkeit

Ist mehr oder weniger in allen Weinen vorhanden und wird meist durch das Tannin oder unreife Trauben verursacht. Bitterkeit wird vorwiegend im Abgang wahrgenommen.

leicht bitter

Trollinger, Württemberg
Lagrein, Südtirol
Vernatsch / Schiava, Südtirol
Teroldego, Trentino
Corvina, Valpolicella
Carignan / Cariñena / Mazuelo / Carignano

bitter

sehr bitter

Weinkrankheit (Zersetzung des Glyzerins) oder als Folge von faulem/unreifem Lesegut. Bitterkeit kann auch durch eine mangelhafte Verarbeitung entstehen (zu starke Pressung oder Extraktion).

Körper

Degustationstechnik
«Gewicht» des Weins auf der Zunge (Extraktstoffe plus Alkohol). Der Vergleich mit der «Dicke» von Wasser kann bei der Beurteilung weiterhelfen.

fett, fleischig

Reichhaltiger, harmonischer Wein mit vielen Extraktstoffen. Diese stammen aus reifem Traubengut und sind ein Zeichen guter Qualität.

körperreich

Wein mit deutlich wahrnehmbaren Extraktstoffen.

rund

Ausgewogener, angenehmer Körper.

leicht, dünn

Wein mit wenig Körper.

mager

Mäßiger, wässriger Wein ohne Körper. Hoher Hektarertrag oder klimatisch schlechte Bedingungen.

Alkohol

Degustationstechnik
Wärmende und leicht süße Komponente des Weins. Übermäßiger Alkoholgehalt wirkt am Gaumen warm oder gar brennend.

angenehmer Alkoholgehalt

Wird meist als Süße mit einer angenehmen Weichheit wahrgenommen.

warm, kräftig

Wein aus heißer Region und gutem Jahrgang. Kann aber auch auf übermäßige künstliche Aufzuckerung hinweisen.

Grenache / Garnacha / Cannonau
Châteauneuf-du-Pape
Madeira und Portweine

feurig

Meist aufgezuckerte oder mit Alkohol angereicherte Weine.

Amarone della Valpolicella, Venetien

alkoholisch

Zu stark aufgezuckerte oder mit Alkohol angereicherte Weine.

Rückgeruch

Gerüche, die durch die Wärme im Gaumen freigesetzt und via Nasen-Rachen-Raum von unserem Riechzentrum, dem Riechkolben am Ende der Nase, wahrgenommen werden.
Meist bestätigen sich die Aromen, die schon vorher durch die Nase entdeckt worden sind.

Länge

Degustationstechnik
«Kauen» Sie den Wein nach dem Schlucken weiter und beachten Sie die geschmackliche Nachwirkung. Die Zeit wird bis zum Zeitpunkt gemessen, da das Aroma verschwindet.

Entscheidend für die Länge des Weins sind nicht nur die Extraktstoffe, die Tannine und die Süße, sondern auch der richtige Säuregehalt.

kurzer Abgang

Dauer: 1 bis 4 Sekunden. Leichter, teilweise minderwertiger Wein.

mittellanger Abgang

Dauer: 4 bis 7 Sekunden. Alltagswein.

langer Abgang

Dauer: 7 bis 15 Sekunden. Spitzenwein mit optimaler Struktur.

Gesamteindruck

Harmonie

Degustationstechnik
Die Eindrücke der Nase und des Gaumens werden zu einem Gesamtbild zusammengefasst.

harmonisch

Alle Geschmacks- und Geruchskomponenten sind in schöner Harmonie.

zu alkoholreich

Der hohe Alkoholgehalt wird durch die übrigen Komponenten nicht ausgeglichen. Kühlen Sie den Wein zum Genießen etwas ab.

zu körperarm

Verglichen mit den übrigen Komponenten verfügt der Wein über einen zu geringen Alkohol-/Extraktgehalt.

zu säurereich

Ist der Wein zu säurereich, sollte er etwas wärmer getrunken werden.

zu säurearm

Trinken Sie den Wein etwas kühler.

zu gerbstoffreich

Überwiegen die Gerbstoffe, sollte der Wein etwas wärmer getrunken werden.

zu bitter

Wird der Wein kühler getrunken, nimmt die Bitterkeit etwas ab.

zu süß, klebrig

Süßwein mit zu wenig Säure oder Extraktstoffen. Hochwertiger Dessertwein hat genügend Säure und wirkt deshalb nie klebrig. Etwas kühler genießen!

zu schwaches Aroma

Bei höherer Trinktemperatur nimmt das Aroma etwas zu.

Charakter

Lassen Sie Ihre Fantasie spielen und beschreiben Sie die Art des Weins in eigenen Worten oder mit nachfolgenden Begriffen.

arm

Ein dünner Wein ohne besondere Qualitäten.

charakterarm

Kommentar überflüssig! Dieser Begriff charakterisiert viele Massenweine.

ehrlich

Sauberer Wein ohne markante Fehler.

charmant

Ein Schmeichler, ohne besonderen Macken.

süffig

Geschmeidiger, leicht zu trinkender Wein.

elegant

Stilvoller, ausgewogener Wein von guter Qualität.

samtig

Wein mit feinkörnigen, gut entwickelten Gerbstoffen.

rau

Gerbstoffreicher, unfreundlicher Wein.

rustikal

Bodenständiger, etwas rauer, nicht sehr eleganter Wein. Oft reich an Tannin und/oder Säure.

schwer

Wein mit viel Extrakt und Alkohol, aber zuwenig Säure und Rasse.

vorzüglich

Spricht für sich.

kraftvoll

Wein mit großen Qualitäten. Reich an Extraktstoffen, Säure und Alkohol.

außergewöhnlich

Ein seltener Wein mit kaum vergleichbaren Eigenschaften.

III Temperatur

Die Trinktemperatur hat großen Einfluss auf die Harmonie eines Weins. So wirken beispielsweise säurereiche Tropfen weniger aggressiv, wenn sie etwas wärmer getrunken werden.

Der Wein erwärmt sich im Glas sehr schnell. Servieren Sie ihn deshalb 1 bis 2 Grad kühler.

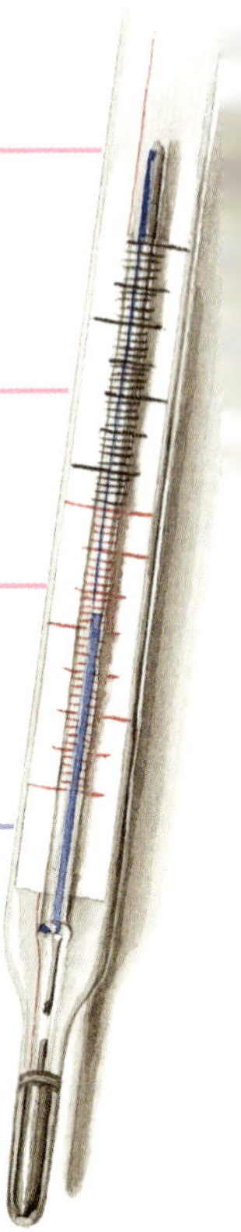

Schaumwein, Champagne

ohne Jahrgangsangabe:	*10° C*
Jahrgangs-Champagne:	*10°–14° C*

Weißweine

komplexer, trockener Weißwein:	*11°–14° C*
runder, mittelschwerer Wein:	*10°–12° C*
dünner, leichter oder süßlicher Wein:	*9°–11° C*

Rosés

körperreicher Rosé:	*10°–12° C*
leichter Rosé:	*8°–10° C*

Rotweine

tanninreicher Rotwein:	*17°–19° C*
mäßig tanninhaltiger Wein:	*16°–18° C*
einfacher Wein, mit wenig Tannin:	*14°–16° C*

Süßweine, Dessertweine

Süßer, körperreicher Dessertwein:	*12°–14° C*
halbtrockener oder leichter Wein:	*9°–11° C*

verstärkte Weine

reifer, süßer Wein:	*14°–18° C*
jüngerer, trockener Wein:	*12°–14° C*
Amontillado, Oloroso, Cream Sherry, Pedro Ximénez; Vintage Port, Late Bottled Vintage, Tawny Port, Ruby Port; Malmsey:	*16°–18° C*
Fino, Fino Amontillado, Manzanilla; Tawny Port 10–40-jährig; Bual:	*14°–16° C*
Verdelho:	*12°–14° C*
Sercial:	*8°–10° C*
White Port:	*6°–8° C*

Wirkt ein Wein säuerlich, zu alkoholisch oder unharmonisch, dann verändern Sie ruhig einmal seine Temperatur. Mit etwas Glück und Übung schaffen Sie es bestimmt, ihn mundgerechter zu machen!

	aufwärmen	abkühlen
Süße	stärker	schwächer
Alkohol	stärker	schwächer
Bitterkeit	stärker	schwächer
Kohlensäure	stärker	schwächer
Säure	schwächer	stärker
Gerbstoffe	schwächer	stärker
Aromenentwicklung	stärker	schwächer

Aufwärmen und Abkühlen des Weins

Die folgende Tabelle zeigt die ungefähre Zeit in Minuten, die zum Aufwärmen oder Abkühlen einer vollen 7,5-dl-Flasche benötigt wird.

Trinktemperatur	Kellertemperatur 12	14	16	18	20 °C	
18°C:	120	90	60		10	Min.
16°C:	70	40		20	40	Min.
14°C:	30		30	50	60	Min.
12°C:		40	60	80	100	Min.
10°C:	50	80	110	130	150	Min.
8°C:	120	150	180	200	220	Min.

● Aufwärmzeit bei 22°C Zimmertemperatur (rot)
● Abkühlzeit bei 5°C Kühlschranktemperatur (blau)

Als Faustregel gilt: rund 2° C Abkühlung/Aufwärmung pro 30 Minuten.

IV Harmonie von Wein und Essen

Ein Wein kann mit einem Gericht wunderbar harmonieren und zu einer anderen Speise wiederum gar nicht passen. Weinwissen und individuelle Erfahrungen machen auch dieses gefährliche Terrain wieder trittsicher.

Die Übungen 1 bis 3 werden in Ihrem Gaumen unterschiedliche Reaktionen hervorrufen.

Betrachten Sie dazu die Abbildung auf der rechten Seite und gehen Sie auf Entdeckungsreise:

1.
Erleben Sie im «Einmal-und-nie-wieder-Versuch», wie Wein und Essen sich gegenseitig abstoßen können.

Beispiele:
- ein junger, säurebetonter Riesling mit Salatsauce
- alkoholreicher Portwein mit einem scharf-gewürzten asiatischen Gericht

2.
Genießen Sie jene Gerichte, die harmonisch mit dem degustierten Wein verschmelzen.

Beispiele:
- gerbstoff- und körperreicher Bordeaux mit kräftigem Rindfleisch
- säurearmer Weißwein mit leicht salzigem Aperitifgebäck

3.
Überschreiten Sie die angestammten Grenzen!
Grundsätzlich gehören leichte Weine zu leichten Speisen und schwere Weine zu schweren Gerichten. Bekanntlich ziehen sich jedoch auch Gegensätze an!

Beispiele:
- alkoholreicher, süßer Portwein und scharfer Blauschimmelkäse
- süßlicher Moscato und Erdbeertorte

*Bitterkeit entsteht auch beim Braten, Grillieren und Schmoren.

V Glossar

Abgang

Als Abgang oder Nachgeschmack bezeichnet man jene Empfindungen, welche nach dem Hinunterschlucken oder Ausspucken des Weins am Gaumen präsent bleiben.

Abstechen

Umfüllen eines Weins von einem Fass in ein anderes. Dieser Vorgang, Umzug genannt, trennt den klaren Jungwein vom Bodensatz.

Alkohol

Entsteht bei der Gärung. Der natürliche Frucht- und Traubenzucker (sowie allenfalls zugefügter Zucker; siehe Aufzuckerung) wird durch die Hefe in Alkohol umgewandelt. Der Alkoholgehalt eines Weins beträgt üblicherweise 10 bis 14 Volumenprozent.

Apfelsäure

Neben der Weinsäure die wichtigste Säure in der Traube. Beim biologischen Säureabbau wird die Apfelsäure in eine geringere Menge Milchsäure umgewandelt. Dadurch sinkt die Gesamtsäure des Weins.

Aroma

Der Begriff umfasst streng genommen nur Riechstoffe, die von der Traube selbst herrühren (Primäraromen). Als Sekundäraromen werden Düfte bezeichnet, die bei der Gärung und im Verlauf der Fasslagerung entstehen. Die Tertiäraromen entwickeln sich während der Flaschenlagerung. Alle Riechstoffe zusammen bilden das Bukett.

Aufzuckerung

Wenn die natürliche Zuckermenge der Trauben nicht genügend Alkoholgehalt ergibt, wird der Traubenmost mit Rohrzucker oder Traubenmost-Konzentrat angereichert.

Ausbau

Diese Stufe der Weinbereitung zwischen dem Ende der Gärung und der Flaschenabfüllung schließt Vorgänge wie Schwefeln, Schönen, Filtrieren usw. ein.

Barrique

Kleine Eichenfässer mit 225 Liter Fassungsvermögen, die ursprünglich aus dem Bordelais stammen. Neue Fässer verleihen dem Wein oft einen intensiven Vanillegeschmack. Um den Wein kostengünstig zu aromatisieren, wird er während des Ausbaus mancherorts mit Eichenholzspänen versetzt.

biologischer Säureabbau

Im Anschluss an die normale Gärung kann (meist bei ansteigenden Temperaturen im Frühjahr) eine zweite Gärung stattfinden, bei der die Apfelsäure in eine geringere Menge Milchsäure umgewandelt wird. Diese Milchsäure- oder malolaktische Gärung ist bei allen Rot- und bei einigen Weißweinen erwünscht. Weißweine mit abgeschlossener Milchsäuregärung wirken jedoch mit wenig Säure oft uninteressant und flach. Wenn der biologische Säureabbau nicht bereits im Fass/Tank erfolgt ist, kann er noch in der abgefüllten Flasche stattfinden und dort zur Bildung von Kohlensäure führen.

Botrytis cinerea

Dieser Pilz kann die Trauben bei feuchtwarmer Witterung befallen. Bei unreifen Trauben führt er zu Fäulnis, bei reifen Beeren dagegen zur erwünschten Edelfäule (siehe dort).

Bukett

Siehe Aroma.

Chambrieren

Langsames Aufwärmen des Weins auf Zimmertemperatur. Der Begriff stammt aus jener Zeit, als die Keller noch sehr kühl und die Wohnräume kaum wärmer als 18° C waren. Vermeiden Sie die zu starke Erwärmung des Weins und holen Sie ihn zur rechten Zeit aus dem Keller. Die Tabellen auf den Seiten 62–63 helfen den richtigen Zeitpunkt zu finden.

Dekantieren

Vorsichtiges Umgießen eines Weins in eine Karaffe. Dient in erster Linie dazu, den lange gereiften Wein von seinem Depot zu trennen.

Dessertwein

Wegen seines beträchtlichen Anteils an unvergorenem Restzucker wird dieser Süßwein eher zur Nachspeise als zum Essen getrunken.

durchgegoren

Der Traubenzucker hat sich bei der Gärung vollständig in Alkohol umgewandelt. Im Gegensatz dazu ist bei Weinen mit Restsüße die Umwandlung unterbrochen worden.

Edelfäule

Der Pilz Botrytis cinerea ist bei manchen Weißweinsorten und Weintypen erwünscht. Er befällt erst die schon reife Beere. Der Schimmelpilz zerstört die Traubenschale, und das Wasser entweicht. In den schrumpfenden Beeren nimmt die Konzentration des Fruchtzuckers in der Folge zu. Das Hängenlassen fauler Trauben ist immer ein großes Risiko, da sich gleichzeitig Essig in höherer Menge bilden kann.

Entrappen

Entfernen der Stiele/Kämme von den Traubenbeeren. Mangelhaftes Entrappen führt zu einem Bitterton.

Extrakt

Umfasst alle nichtflüchtigen Stoffe des Weins, die zu seinem Reichtum und seiner Qualität beitragen. Sie stammen vorwiegend von Farbstoffen und Tanninen, vom Alkohol und von den Mineralien.

Filtrieren

Siebvorgang im Weinbereitungsprozess, um vorhandene Partikel vom Wein zu trennen. Wird als Alternative zum natürlichen Absetzen der Trubteile verwendet. Verhilft dem Wein zu Stabilität, kann aber seine Geschmacksvielfalt verringern.

Gerbstoffe

Auch Tannine genannt. Sie stammen hauptsächlich aus den Traubenhäuten, -kernen und eventuell -kämmen, aber auch von neuen Holzfässern. Die Qualität der Gerbstoffe wird vorwiegend durch die Verarbeitung der Trauben (Pressen, Entrappen, Quetschen) bestimmt. Da Weiß- und Roséweine bei der Weinbereitung kaum in Kontakt mit den Beerenhäuten kommen, weisen sie auch weniger Gerbstoffe auf. Der Tanningehalt wird mit zunehmender Flaschenreife geringer, weil sich die Gerbstoffmoleküle zusammenballen (Polymerisation) und sich nicht mehr mit dem Eiweiß verbinden können. Stattdessen vereinen sie sich mit anderen Weinbestandteilen, werden schwerer und unlöslich und lagern sich schließlich auf dem Flaschenboden ab.

Haltbarkeit

Die Haltbarkeit eines Weins wird im Wesentlichen durch die Säure, den Alkohol und die Gerbstoffe bestimmt. Wichtig ist aber nicht nur die Intensität, sondern auch die Ausgeglichenheit dieser Komponenten.

Hefe

Der Stoffwechsel der Hefe bringt den Traubensaft zur Gärung und wandelt den Zucker in Alkohol um. Immer öfter werden die natürlich vorhandenen Hefen mittels schwefliger Säure lahmgelegt und durch Reinzuchthefen ersetzt. Gezüchtete Hefen ermöglichen einen risikofreieren Gärprozess.

Hektar (ha)

10 000 Quadratmeter

Hektarertrag

Der Ertrag eines Rebbergs wird in Hektolitern pro Hektare, manchmal auch in Kilogramm pro Hektare oder in Kilogramm pro Quadratmeter angegeben. Durch Ausdünnen der noch unreifen Trauben wird erreicht, dass die am Stock bleibenden Trauben bei der Ernte reifer und süßer sind und in der Folge bessere Weine entstehen. Je nach Gebiet sind solche Ertragsbegrenzungen behördlich festgelegt. Oft sind die Limiten jedoch so hoch, dass qualitätsbewusste Winzer sie freiwillig unterschreiten.

Hektoliter (hl)

100 Liter

Hybriden

Auch interspezifische Kreuzungen genannt. Sind meist eine Züchtung zwischen resistenten Amerikaner- und den geschmacklich besseren Europäerreben (Vinifera-Sorten). Hybriden sind widerstandsfähiger gegen Krankheiten und Frost.

INAO

Institut National des Appellations d'Origine des Vins et Eaux-de-Vie. Diese Organisation mit Sitz in Paris regelt und überwacht das umfangreiche System der französischen Ursprungsbezeichnungen (Appellations Contrôlées).

Karaffe

Klare, meist henkellose Glasflasche (siehe Dekantieren).

Keltern

Auspressen der Beeren. Heute meist mit Traubenmühlen, die die Beeren gleichzeitig vom Stiel trennen.

Kohlensäure

Ist in Wasser gelöstes Kohlendioxid. Dieses entsteht bei der Gärung, kann aber auch künstlich zugefügt werden. Bei abgefüllten und reifen Rotweinen weisen Bläschen auf eine unerwünschte Nachgärung in der Flasche hin.

Macération carbonique

Kohlensäuremaischung. Vor der normalen Alkoholgärung werden die unverletzten Beeren in einem sauerstofffreien Behälter einem intrazellulären Prozess ausgesetzt. Dadurch lassen sich Duftintensität und Alkoholgrad des Weins steigern und die Tannine sowie Apfelsäure senken. Diese Technik wird unter anderem im Beaujolais angewendet.

Maische

Brei der zerquetschten und meist entrappten Beeren.
Für die Rotweinherstellung wird die Maische zur Gärung gebracht, wobei die Beerenhäute Farb- und Gerbstoffe an den Wein abgeben. Beim Weißwein wird die Maische sofort abgepresst, sodass keine Farb- und Gerbstoffe in den Wein gelangen können. Deshalb kann Weißwein auch aus roten Trauben stammen. Roséweine liegen nur kurze Zeit an der Maische.

Milchsäuregärung

Siehe biologischer Säureabbau.

Nachgärung in der Flasche

Siehe biologischer Säureabbau.

Nachgeschmack

Siehe Abgang.

Oxydation

Alterserscheinung des Weins bei zu intensivem Luftkontakt (defekter Korken) oder zu langer Lagerung. Eine Braunfärbung des Weins zeigt die Oxydation an.

Perlage

Siehe Seite 16.

Reduktion, reduktiver Ausbau

Ausbau unter Vermeidung von Luftkontakt zur Förderung der Aromen und der Frische. Zu extreme Reduktion kann zu Fehlgerüchen führen.

Restzucker

Zucker, der bei der Gärung nicht in Alkohol umgewandelt wurde. Restzucker besteht aus Frucht- und Traubenzucker.

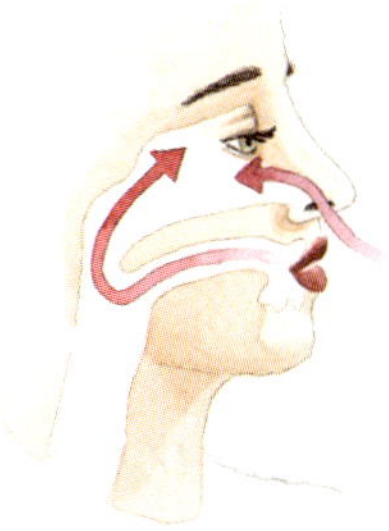

Rückgeruch

Gerüche gelangen sowohl direkt durch die Nase zum Riechkolben, unserem eigentlichen Riechzentrum, wie auch indirekt durch den Mund und den Nasen-Rachen-Raum.
Die durch die Wärme des Gaumens freigesetzten Aromen werden als Rückgeruch bezeichnet.

Säure

Die Säure ist wichtig für die Lagerung. Sie verleiht dem Wein Leben und Harmonie und hat wesentlichen Einfluss auf den Geschmack und den Abgang. Die wichtigsten Säuren in der Traube sind die Wein- und die Apfelsäure. Siehe auch biologischer Säureabbau.

Schönen

Klärung des Weins von feinsten Trubteilchen, etwa mit Eiweiß.

Spätlese

Wein aus Trauben, die nach der normalen Ernte gelesen wurden.

Tannin

Siehe Gerbstoffe.

Traubenkämme

Stiele, an denen die Beeren der Trauben hängen.

Verschnitt

Mischen von Trauben, Traubenmost oder Wein unterschiedlichen Ursprungs oder Herkunft. Jede Region hat seine eigene Gesetzgebung.

Viskosität

Zähflüssigkeit des Weins deutet auf einen höheren Alkohol- und/oder Zuckergehalt hin. Visuell wird sie nach dem Schwenken des Weins an ausgeprägten «Kirchenfenstern» am Glasinnenrand wahrgenommen.

Weinstein

Am Korken oder in der Flasche vorkommende Kristalle werden oft fälschlicherweise als Zucker angesehen. Weinstein entsteht bei der Abkühlung des Weins. Normalerweise findet dieser Vorgang bereits im Fass statt, kann aber auch nach kalter Lagerung bei Flaschenweinen vorkommen. Das Auftreten von Weinstein beeinträchtigt die Weinqualität nicht.

Zucker

Trauben enthalten etwa gleich viel Trauben- wie Fruchtzucker. Der Gesamtgehalt wird in Öchsle-Graden angegeben. Je mehr Sonne die Traube erhält, desto höher liegt ihr Öchsle-Wert. Zur Erhöhung des Alkoholgehalts wird dem Most oft Rohrzucker (Saccharose) oder Traubenmost-Konzentrat zugefügt.